पंछी

पंछी

पंछी

गोपाल सिंह नेपाली

राजकमल प्रकाशन

पहला संस्करण 1934 में प्रकाशित

ISBN : 978-93-6086-824-6

मूल्य : ₹495

पहला राजकमल संस्करण : 2024

प्रकाशक : राजकमल प्रकाशन प्रा. लि.
1-बी, नेताजी सुभाष मार्ग, दरियागंज
नई दिल्ली-110 002
शाखाएँ : अशोक राजपथ, साइंस कॉलेज के सामने, पटना-800 006
पहली मंजिल, दरबारी बिल्डिंग, महात्मा गांधी मार्ग, प्रयागराज-211 001
1, अनमोल सोराबजी सन्तुक लेन, धोबी तलाव, मरीन लाइंस, मुम्बई-400 002
वेबसाइट : www.rajkamalprakashan.com
ई-मेल : info@rajkamalprakashan.com

मुद्रक : बी.के. ऑफसेट
नवीन शाहदरा, दिल्ली-110 032

PANCHHI
Poetry by Gopal Singh Nepali

भूमिका

इधर दो वर्षों से नवीन तारकों के सदृश जितने कवि, हिन्दी के काव्याकाश में चमकते हुए मुझे देख पड़े, सौन्दर्य के सुख-स्पर्श-जादू से जिन्होंने मन को वशीभूत कर लिया तथा प्रकाश और तृप्ति दी श्री गोपाल सिंह जी नेपाली उन्हीं में से एक हैं। मुझे उनके काव्य में शक्ति, प्रवाह, सौन्दर्य-बोध तथा चारु-चित्रण एक विशेषता लिए हुए देख पड़े। पश्चात मुझे उनके चिर-सुखद संग का भी सुअवसर प्राप्त हुआ। मैंने देखा, उनमें साहित्य की एक प्रखर प्यास है, जिसके बुझने पर उनकी जाति तथा साहित्य का कल्याण निर्भर है। वह साहसी, सच्चरित्र, कर्मठ तथा तेजस्वी युवक दृष्टिमात्र से जान पड़ते हैं। भगवती भारती अपने सुकोमल, प्रखरतर दिव्य प्रकाश से उनके स्वदेश-वासियों को उनकी ओर प्रेरित करें। श्री गोपाल सिंह जी, मेरी हार्दिक कामना है, नेपाली के प्रतिनिधि कवि की हैसियत से राष्ट्रवाणी की पावन वीणा बजाएँ।

इधर उनका 'पंछी' काव्य भी मुझे देखने का अवसर प्राप्त हुआ है। इसमें जगह-जगह काव्य की अकृत्रिम, अनिंद्य ज्योति देखकर कवि के भविष्य-सुविकास पर स्वभावत: मुझे एक उत्तम कल्पना करनी पड़ी, जिसका प्रमाण ईश्वरेच्छा निस्सन्देह एक दिन देती। इति शुभम्।

—सूर्यकान्त त्रिपाठी 'निराला'

लखनऊ
4.3.34

क्रम

पहला पंख

तरुवर के ऊँचे महलों में, पत्तों के आँगन में-
कैसे थे वे दिन सोचो तो, प्यारे अपने मन में!

वनरानी

(1)

जैसा था वह नंदनवन तब पहले के इस जग में!
वैसा था फिर नंदनवन कब पहले के इस जग में?
वैसा है फिर नंदनवन कब अब, अब के इस जग में?
वैसा होगा नंदनवन कब, फिर कब के किस जग में?

(2)

वह सुन्दर था, वह अनुपम था, उसकी छवि प्यारी थी,
खुद शोभा थी उसकी शोभा, छटा मनोहारी थी;
उसकी वह अभिराम सजावट जगती में न्यारी थी,
अमर-लोक के नंदनवन-सी एक-एक क्यारी थी।

(3)

उस विशाल विस्तृत कानन में रम्य अनेकों वन थे,
हरे-भरे तरुवर थे सुन्दर, उस कानन के धन थे;

रच-रच नीड़, बसाकर दुनिया खग आनंद-मगन थे,
थे निर्झर, थीं सर-सरिताएँ, फल थे, सरल सुमन थे।

(4)

इस कानन के मध्य-भाग में सुन्दर 'पल्लववन' था,
कानन-भर में यही एक ही पल्लव का उपवन था;
तरह-तरह के पल्लव थे, अति कोमल जिनका तन था,
छन-छन उड़कर जिन पर जाकर चिपका रहता मन था।

(5)

चारों ओर घिरा था वह वन सरिताओं के जल से,
होता था मुखरित सारा वन जल के मृदु कलकल से;
फूट पड़ी है अमृत-धारा मीठी पृथ्वी-तल से,
ऐसा सोच वहाँ आते थे, पंछी तरुवर; दल से।

(6)

जगह-जगह थे झील-सरोवर जिनमें निर्मल जल था,
जहाँ नहाता, पानी पीता वन का पंछी-दल था;

क्यारी-क्यारी में वैसे तो लगा न जल का नल था,
फिर भी क्या जाने क्यों उनमें जल बहता चंचल था?

(7)

इसी विपिन के एक वृक्ष पर रहती थी 'वनरानी',
अपनी अनुपम सुन्दरता की थी कोकिल अभिमानी;
अभी-अभी ही खिल पाई थी उसकी नई जवानी
'पल्लववन' की रानी थी वह, वही खगों की रानी।

(8)

सबसे ऊँचे घने वृक्ष पर उसका छोटा घर था,
जो अति कोमल खर-पातों का बना हुआ सुन्दर था;
जो पल्लव-छाया में तरु की टहनी पर निर्भर था,
भीतर बिछा हुआ गद्दी-सा पंछी ही का घर था।

(9)

इसी चंचु-निर्मित खोते में वह सुख से सोती थी,
मन लगता कुछ गा लेती थी, मन दुखता रोती थी,

कभी हृदय में मस्ती आती, कभी व्यथा होती थी,
कभी-कभी तो गाते-रोते सुध-बुध भी खोती थी।

(10)

थी 'वनरानी' श्याम-सलोनी कोकिल, काली-काली,
मीठे स्वर से गाने वाली, यौवन की मतवाली;
उसे जानती थीं परिचित-सा वन की डाली-डाली,
वह 'पल्लववन' की रानी थी चमकीले पर वाली।

(11)

अपना और नहीं था कोई, थी कोकिल एकाकी,
पर सब गुण-गाथा गाते थे उसकी सुन्दरता की;
कितने हृदय खिला देती थी उसके मुख की झाँकी,
सुर-बाला से ही जाती थी उसकी कीमत आँकी।

(12)

तरुण हृदय का दान माँगने कितने भिक्षुक आए,
प्राण-प्राण से योग मिलाने कितने इच्छुक आए;

कितने जीवन की निधि लेकर चरणों में झुक आए,
कितने जल्दी आए, कितने पथ में रुक-रुक आए।

(13)

पर इस निर्मम 'वनरानी' ने सबको ही ठुकराया,
रोकर, मरकर सब कुछ कर-कर धन न किसी ने पाया;
प्रेम-भिखारी की झोली को रीती ही लौटाया,
सारे सागर में छोटा-सा घट न तनिक भर पाया।

(14)

इसी तरह मधुमास बीतता था उसका एकाकी,
आ पाता न सुमन पर भौंरा लेने सुरुचि सुधा की;
पी पाता न कभी था कोई प्याली भरी सुरा की,
इस ढंग से रखता था यौवन का मदमाता साकी

वनराजा

(1)

सरिता के उस पार कुसुम-वन सुन्दर फूल रहा था,
जहाँ पहुँच सौन्दर्य विश्व का निज पथ भूल रहा था;
डाल-डाल पर कुसुम मनोहर हँस-हँस झूल रहा था,
अपने नवयौवन के आगे जग को भूल रहा था।

(2)

तरह-तरह के सुमन खिले थे, फूट रही थीं कलियाँ,
गम-गम गमक रही थीं सौरभ-सुरभित वन की गलियाँ,
सुमन-कपोलों पर मधुपों की होती थीं रँगरलियाँ,
मानो वहाँ किसी ने रख दी थीं मिश्री की डलियाँ!

(3)

भौंरों की मृदु गुंजारों से वन था मुखरित होता,
इधर-उधर बहता था चंचल निर्मल जल का सोता;

जो भी आता मोहित होता, अपनी सुध-बुध खोता,
कहीं गा रही मंजुल मैना, कहीं बोलता तोता।

(4)

जगह-जगह जल के फव्वारे रत्न बिखेर रहे थे,
जिन्हें ध्यान से आँख गड़ाकर पक्षी हेर रहे थे,
क्या जाने फिर क्या विचार कर मन-मन टेर रहे थे,
अपने कोमल सुन्दर तन पर चोंचें फेर रहे थे।

(5)

इसी विपिन के एक वृक्ष पर 'वनराजा' रहता था,
किसी सुन्दरी कोकिल का वह कर न कभी गहता था;
अपने मन का राजा था पिक, सुख-निधि में बहता था,
कोई मुझको नहीं चाहिए, गर्व-सहित कहता था।

(6)

निखर उठा था उसका यौवन अभी-अभी का ताजा,
वह सुन्दर था, मस्ताना था, था वह वन का राजा;

ऐसा मीठा गाता था वह जैसा मीठा बाजा,
उसके सुमधुर पंचम स्वर का कौन करे अंदाजा!

(7)

करता था उपभोग नीड़ में एकाकी जवीन का,
इस जग में आनंद लूटता था वह अपनापन का;
हीरे का बना नहीं था, था न जीव कंचन का,
जाने क्यों आराध्य बना था वह कोकिल के मन का।

(8)

नित्य उषा से लेकर संध्या तक राही थे आते,
खाते फल, पीते निर्झर-जल, कपड़े खोल नहाते;
देख-देखकर शोभा सुन्दर वन की, थे न अघाते,
मधुर गीत वे 'वनराजा' का सुनते ही रह जाते।

(9)

कितने आते-जाते, कितने रह भी जाते वन में,
पड़ता था न तनिक भी अंतर उसके इस जीवन में;

वह तो मस्त पड़ा था अपने मदमाते यौवन में,
कोई कैसे घुस सकता था उसके भीतर मन में?

(10)

जहाँ उषा देखी थी उसने पहले के बचपन में,
वहाँ दुपहरी धूप तापता, था यौवन-आँगन में;
जहाँ चाँद से खेला करता था वह नील गगन में,
वहाँ देखता था निज यौवन तारों के यौवन में।

(11)

इसी तरह हँसते यौवन में उसकी अब द्रुतगति थी,
यौवन ही बस चिर-संगी था, यौवन की संगति थी;
न तो कहीं कुछ लाभ उसे था और न तो कुछ क्षति थी,
जिधर बहे जीवन की धारा, उसकी नहीं विमति थी।

आलिंगन

(1)

तरुओं की छाया में लुक-छिप अब संध्या आती थी,
उछल-उछलकर मृदु कल-कल कर नदी बही जाती थी;
'पल्लववन' की 'मंजुल' शोभा सबके मन भाती थी,
जो विराग में भी उमंग को आ-आ उकसाती थी।

(2)

इतने में घिर आए बादल सत्वर नील गगन में,
मची कँपकँपी पात-पात में, शीतल मंद पवन में;
भगे खोलकर पाँखें पंछी अपने पर्ण-सदन में,
लगी बूँद टप-टप कर पड़ने वन में, कुंज सघन में।

(3)

कोकिल एक कहीं से वन में उड़ती-उड़ती आई,
एक डाल पर बैठ तनिक वह क्षण-भर सुस्ता पाई;

इधर नीड़ की भी कोकिल ने ली हलकी अँगड़ाई,
चंचु खोल धीमी-सी लय में मधुर कड़ी यह गाई-

(4)

"आई है मधु-वेला पंछी, चंचु खोल तो दे रे!
कब से प्राण हमारे आतुर, मधुर बोल तो दे र!
इस मधु-ऋतु में तरु के भीतर कहाँ छिपा है पंछी,
आकर इन कानों में प्यारे, सुधा घोल तो दे रे!"

(5)

बन्द हुआ जब गान सुरीला, दृग में जल भर आया;
दूर हो गई थकन तुरत ही फूली नन्ही काया;
वह है कौन, गीत जिसने यह इतना मीठा गाया?
नाच उठी मानस में इसकी मनोमोहिनी माया!

(6)

जिस मन से निकला यह गान, वह मन कैसा होगा?
जिस तन में हँसता है यह मन, वह तन कैसा होगा?

जिस वन में रहता है यह तन; वह वन कैसा होगा?
जिस घन से गिरतीं ये बूँदें, वह घन कैसा होगा?

(7)

इस विचार से जगी हृदय में छिपी हुई अभिलाषा,
करूँ, क्या करूँ, कहूँ, क्या कहूँ, लगी सोचने भाषा,
अवसर पाकर नई ज्योति ले आ पहुँची झट आशा;
संध्या के तिलमिल तारा-सा, हँसती अरुण उषा-सा।

(8)

बोली—"कह दो कैसे गाऊँ, किस लय में गाऊँ री?
कैसे मन की सारी बातें मुख में ले आऊँ री?
है, रीती गागर मानस की पड़ी हमारे तन में!
पाऊँ कहाँ सुधा कैसे जो तेरा मन भाऊँ री?"

(9)

बंद बाँसुरी हुई वृक्ष में छाई नीरवता-सी,
आँखें चार हुईं दोनों की नेह-नीर की प्यासी;

नाच उठी लोचन में माया लज्जा-सी, ममता-सी,
दीख पड़ी दोनों को कुछ-कुछ चित्रों में समता-सी।

(10)

बोला पंछी मौन भंग कर सकुचाते-सकुचाते-
"इस नीरव संध्या में अय पिक, कहो कहाँ से आते?
क्या करते हो, उड़-उड़कर तुम कहाँ-कहाँ मँडराते?
है निवास फिर कहाँ तुम्हारा, कौन देश को जाते?"

(11)

बोला पिक—"मैं 'वनराजा' रहूँ कुसुम के वन में,
हूँ स्वामी उस वन का मैं ही, एकाकी जीवन में;
चला गया था आज घूमने मैं रसाल के वन में,
लौटा जाता था उड़ करके अपने उस उपवन में।

(12)

पर पथ में ही काले घन ने आकर मुझको घेरा,
लगा भीगने पानी से यह नन्हा-सा तन मेरा;

आते-आते रात हो गई, छाया पूर्ण अँधेरा,
आज न जा पाऊँगा घर को, लूँगा यहीं बसेरा।"

(13)

इसी समय आ गिरीं पंख पर दो बूँदें ऊपर से,
कड़क-कड़ककर चमकी बिजली जोरों में नभ पर से;
सिहर उठा पिक, कूक उठा पिक एक बार अंतर से,
बोला पंछी—"क्या जाने क्यों इसी समय क्यों बरसे?"

(14)

बोला पिक—"पंछी, बतला तो क्या यह 'पल्लववन' है!
क्या तू ही 'वनरानी' है, क्यों एकाकी जीवन है?
सुन रक्खा था मैंने पहले ऐसा व्रत-पालन है!
जानूँ व्रत-पालन का कारण, यही चाहता मन है।"

(15)

बोली रानी—"हूँ 'वनरानी' मैं, यह 'पल्लववन' है,
एक-एक पल्लव इस वन का रम्य प्रकृति का धन है;

मिली नहीं वह वस्तु अभी तक जिसे चाहता मन है,
इसीलिए ही अभागिनी का एकाकी जीवन है।"

(16)

"खोजी तूने पत्ती-पत्ती, पर वह वस्तु न पाई,
फिर भी उड़ करके अब रानी, तू न कुसुम-वन आई;
आकर वहाँ खोजती यदि तू, तो पड़ता दिखलाई,
लेकिन ऐसी बात न पंछी, तेरे मन में आई।"

(17)

"क्यों आती जब यहीं नीड़ में आकर दर्शन दें वे!
क्यों जाती, जब घर आ करके खुद मेरी सुधि लें वे!
क्यों कहती, जब खुद अपने से मेरी नैया खेवें!
क्या करती, जब इसी तरह से मुझको धन्य करें वे।"

(18)

"हुई धन्य मैं, धन्य नीड़ यह, धन्य-धन्य जीवन है!
कौन जानता था पल्लव के भीतर छिपा सुमन है;

हुआ पूर्ण एकाकीपन अब, भाग्यवान यौवन है?
इस घन के नीचे केकी बन आज नाचता मन है!"

(19)

इतना कह वह उठी नीड़ से रच-रच नीड़ सजाई,
कर चुंबन अपने प्रियतम का अपने घर ले आई;
बोली—"तू मेरा मनभाया, मैं तेरे मन भाई,"
बोला पिक—"ऐ प्रिये, हमारी मधु-ऋतु हँसती आई!"

(20)

“देखो तो वह प्रिये, गगन में फटता जाता घन है,
वन के भीतर से नव-शशि का हँसता आता मन है;
कितना सुन्दर लगता है वह, चाँदी का यौवन है।”
बोली रानी—“क्या उससे कम यही तुम्हारा तन है!”

गगन-पथ से

(1)

हँसती आती हँसती जाती थीं जीवन की घड़ियाँ,
छूट रही थीं 'पल्लववन' में मस्ती की फुलझड़ियाँ;
दो कंठों से निकल रही थीं मधुर प्रणय की कड़ियाँ,
खिले हास में सुमन, अश्रु में खेल रही थीं मणियाँ!

(2)

जग में, जीवन में, यौवन में वह अवसर आता है,
सहसा अपना रीता प्यार मधु से भर जाता है;
जब गूँगा भी अपना गाना विहँस-विहँस गाता है,
हृदय हृदय से, प्राण प्राण से लगता चिर नाता है।

(3)

एक दिवस बोला वनराजा—"चलो प्रिये, उस घर में
चलो हमारा घर भी देखो, कैसा है तरुवर में;

कैसे युगल मराल-मराली खेलें निर्मल सर में,
उनके ऐसा सुखी कौन है कानन में जग-भर में।"

(4)

खुलीं चार अति कोमल पाँखें शीतल मंद पवन में,
उड़े नीड़ से दोनों पंछी ऊपर नील गगन में;
बोला पिक ले अपने मन का सारा प्रणय नयन में-
"जाना है उस पार, थकन तो नहीं लगेगी तन में?"

(5)

"मैं भी तो तरुणी ऐसा क्यों आप विचार रहे हैं!"
"देखो, उन नीड़ों से सुग्गे हमें निहार रहे हैं,"
"हाँ-हाँ, चोंचों से नीड़ों को सजा-सँवार रहे हैं,"
"अभी-अभी उठकर अपना घर झाड़-बुहार रहे हैं।"

(6)

"देखो तो ऐ प्यारे, नीचे कितना निर्मल जल है,
आज हमारे साथ-साथ वह भी बहता, चंचल है;

जल में, थल में, नभ-मंडल में कहो, कहाँ मंगल है?"
"जहाँ प्रेम के आगे अपना शीश झुकाता बल है!"

(7)

"देखो प्रिये, नदी के तट पर वह क्या-क्या होता है?"
"और अधिक उज्ज्वल होने को बगुला पर धोता है;
हंस तैरता, रह-रह जल में खाता फिर गोता है,
इधर-उधर लहरें लहरातीं, जल पीता तोता है।"

(8)

"संगम के उस पार दीखता देखो, वन कदली का,
यह देखो, यह हरा बेल-वन, वन वह नारंगी का;
तुम्हें कौन फल मीठा लगता और कौन-सा फीका?"
"मैं क्या कहूँ, मुझे तो मीठा वही तुम्हारे जी का!"

(9)

"देखो प्रिय, कुसुम-वन मेरा वह देखो आता है,
इस नंदनवन-भर में सुन्दर जो समझा जाता है;

यही एक ही उपवन जग में मेरा मन भाता है,"
"भावें क्यों न तुम्हारा उससे ऐसा चिर नाता है।"

(10)

"देखो प्रिये, हमारा वन, ये निर्मल जल के सर हैं,
विहँस रहे हैं कुसुम डाल पर, हरे-भरे तरुवर हैं,"
"पर प्रियतम, मधुपों के इतने यहाँ कहो, क्यों घर हैं?"
"नहीं जानतीं, जहाँ सुमन हैं, वहाँ-वहाँ मधुकर हैं।"

क्रीड़ा

(1)

“यदि वनरानी अभिमानी तो वनराजा अभिमानी,
आज यही बतला देने की मैंने मन में ठानी;
वहीं ठहरकर सुन लो पहले चुपके मेरी बानी;
कहाँ छिपा हूँ, क्या कहता हूँ, मुझे खोज लो रानी!”

(2)

“उतनी दूर छिपे हो राजा, कैसे पता लगाऊँ?
इतने वृक्ष सघन हैं वन में, कौन डाल पर जाऊँ?

किस पल्लव के भीतर खोजूँ, कहाँ-कहाँ मँडराऊँ?
कहाँ छिपे हो, क्या करते हो, कैसे तुमको पाऊँ?"

(3)

"चारों ओर चाँदनी छिटकी, है रजनी की बेला,
हूँ मैं वहीं, जहाँ पर दोनों करते हैं नित खेला;
यह रसाल या पीपल, बड़हर नहीं, नहीं यह केला,
आओ रानी, खोजो मुझको, बैठा यहाँ अकेला।"

(4)

"छिपे कमल में बनकर मधुकर कैसे नाथ मिलोगे?
बसे कंठ में बनकर मृदु स्वर कैसे हाथ लगोगे?
क्या जाने रस बन किस फल के भीतर बैठे होंगे?
सरस सुमन का सौरभ हो अब छिपकर क्यों न रहोगे?"

(5)

"अरी, उड़ो भी खोजो मुझको, आओ इस तरुवर में,
देखो, कैसे आत्मसमर्पण करता हूँ क्षण-भर में;"

"तुम्हीं न आओ, मुझको खोजो, बैठी हूँ इस घर में;
देखो अधिक समर्पण का गुण नारी में या नर में।"

(6)

"खोज न सकती मुझको आकर फिर भी दम भरती हो,
इतना बोल रहा हूँ तब से, तनिक नहीं टरती हो,
क्या ऐसी चाँदनी रात में भी इतना डरती हो-
जो अपने घर से बाहर तुम एक न पग धरती हो!"

(7)

"जब बैठे हो मेरे मन में, खोजूँ क्यों वन-वन में?
जब तुम बनकर बूँद बरसते, खोजूँ क्यों घन-घन में?
क्यों न डरूँगी, जब तुम इतना हठ करते हो मन में?
जब तुम हो अपने यौवन में, मैं क्या हूँ बचपन में?"

(8)

इसी समय छोटा घन-मंडल नभ में उड़ता आया,
छिपी तुरत उस घन-मंडल में शशि की उज्ज्वल काया;

पंछी

(1)

दो तिनकों का नीड़, बताकर तरु की नंगी डाल
गया शिशिर वन-बीच बिठाकर सुन्दर पंछी-बाल
नववसन्त ने कुंज-कुंज में भरे पात-फल-फूल
ग्रीष्म उड़ाती रही सुरभि की मधुर-सुवासित धूल
पावस में पश्चिमी पवन का खाकर शीतल झोंका
प्रथम-प्रथम जीवन में पंछी काँपा, सिहरा चौंका
और मेघ में लुकता-छिपता शरद्चन्द्र जब आया
हटकर जरा नीड़ से डोली काली-काली छाया
चूम चला शशिकिरण उछलकर चंचल पंछी-बाल
बनकर गान चन्द्र-किरणों का उड़ा डाल से डाल

(2)

तितली ने रंगीन पर दिए कोमल प्यारे-प्यारे
छवि की एक सरल झाँकी पर नयन बने रतनारे
कलियाँ खिलती रहीं, रही छवि करती नव शृंगार
निर्झर भरता रहा उमड़कर प्राणों में झंकार

(10)

बोली—"अब बोलो वनराजा, दम भरती हूँ खाली?
या कुछ गुण भी रखने वाली हूँ, बल रखने वाली?"
"नहीं-नहीं, यह सही नहीं, थी रजनी, बिलकुल काली!"
"तो क्या मैंने ही यह रजनी है काली कर डाली?"

अधीरता

(1)

अभी-अभी पूर्वीय क्षितिज पर अरुण उषा मुस्काती,
नदी, सरोवर में, निर्झर में अपनी छवि दिखलाती;
वन-तरुवर की पत्ती-पत्ती मंजुल मर्मर गाती,
भीनी-भीनी वायु विपिन में पल-पल बहती जाती।

(2)

खुली आँख अब वनरानी की, ली गहरी अँगड़ाई,
तरु में देख न वनराजा को मन में अति घबड़ाई;
हेर गई वह पत्ती-पत्ती, फिर भी देख न पाई,
कहाँ गए होंगे इस बेला छोड़ चोर की नाईं?

(3)

उठी नीड़ से मन भारी कर, चली तरुवर को,
लगी ध्यान से सुनने रानी पल्लव के मर्मर को;

सहम-सहम जाता था पंछी सुन-सुन कुछ 'सर-सर' को,
वह टटोलने लगी ध्यान से चिड़ियों के मृदु स्वर को।

(4)

"निर्मल निर्झर, मेरे राजा जल पीने आए थे,
बैठ यहाँ पर आज उन्होंने मधुर गीत गाए थे;
ओ तरुवर, फल चुन-चुन करके प्रियतम ने खाए थे?
और दिनों-सा उन्हें आज भी मृदु फल दिखलाए थे?

(5)

ऐ सर-सरिता, आज पड़ी थी तुम पर उनकी छाया?
वन-कुसुमो, मेरे प्रियतम का तुमने दर्शन पाया?
ऐ पल्लव, जाने के पहले कुछ तुमको बतलाया?
मुझे छोड़कर कहाँ चला हा, वह मेरा मन-भाया?"

(6)

"ओ मालिन, प्रात: बेला से यहाँ सुमन चुनती थी,
तू तो वन के पंछी-दल का मधुर गीत सुनती थी?

या तू मग़न बनी चिन्ता में मन-मन कुछ गुनती थी?
या तू भी फिर किसी जगह पर बैठी सिर धुनती थी?

(7)

कहाँ गए किस ओर चले वह उपवन के राजा?
मार गए मन क्यों ऐ मालिन, मेरे मन के राजा?
छोड़ चले मुझको एकाकी क्यों इस तन के राजा?
त्याग चले क्यों सारे वैभव इतने धन के राजा?"

(8)

टूटा बाँध हृदय का अब तो लगा अश्रु-जल बहने,
नोच-नोचकर लगी फेंकने कोमल पर के गहने!
भर-भर सिसकी ले-ले हिचकी, लगी अकेले कहने—
"किसके लिए जगत में इनको अब यह पापिन पहने?"

(९)

इतने में आ पहुँचा राजा, उससे बोला—"क्या है?"
"फूटा भाग लिए बैठी हूँ, और दूसरा क्या है?"
"चला गया था, फिर आता था, इसमें रोना क्या है?"
"बिना कहे ही प्रणय-गोद से यों गुम होना क्या है?"

दूसरा पंख

वियोग

(1)

चढ़ आया था दिन ऊपर तक, थी बेला दुपहर की,
तप्त कर रही थी वसुधा को तेज किरन दिनकर की;
आ बैठी थी मृदु शीतलता छाया में तरुवर की,
लेती थीं विश्राम वहीं पर चिड़ियाँ कानन-भर की।

(2)

शीतल तरु-छाया के नीचे सुन्दर पल्लववन में,
कूक रहे थे दोनों पंछी बैठे पर्ण-सदन में;
अंतस्तल को छूने वाली उठती कूक पवन में,
भरती मृदु उल्लास प्रेम में मंजुल प्रेम मदन में।

(3)

इतने में पश्चिमी क्षितिज से धूलें उड़ीं गगन में,
चला पश्चिमी पवन वेग से उड़-उड़ नंदनवन में;

हाहाकार मचा वसुधा में, वन में, सबके मन में,
अरे, कौन-सी आपद आती है अब इस जीवन में।

(4)

जड़ें हिल गईं वन-तरुवर की ऐसी आँधी आई,
वसुधा के कोने-कोने में घोर कालिमा छाई;
कहाँ-कहाँ उड़ गईं पत्तियाँ, पड़ा न कुछ दिखलाई,
डाल टूटकर गिरी धरा पर, खिली कली मुरझाई।

(5)

थी न जगह थोड़ी भी तरु के छोटे-से कोटर में,
फिर भी पैठ गई वनरानी किसी तरह उस घर में;
रह न सका पर वनराजा उस पर्ण-हीन तरुवर में,
आई आँधी और ले उड़ी उसे हाय, पल-भर में।

(6)

पवन ले उड़ा जिधर वेग से, उधर उड़ा पंछी भी,
पवन चला जिस ओर झपटकर, उधर मुड़ा पंछी भी;
पवन पार कर गया वाटिका, पार हुआ पंछी भी,
पवन चला परदेश, साथ तैयार हुआ पंछी भी।

चीत्कार

(1)

रोते-रोते रजनी बीती, रोते ही दिन आया,
रोते-रोते शिथिल पड़ गई उसकी नन्ही काया;
पिघल चली करुणा आहों से, दृग में जल भर आया,
रात-रात-भर जाग-जाग जल आँखों ने ढुलकाया।

(2)

जिन आँखों से इस जीवन में 'नंदनवन' देखा था,
जिन आँखों से बचपन से ही 'पल्लववन' देखा था;

जिन आँखों से खिले कमल-सा हँसता मन देखा था,
जिन आँखों से पात-पात में मृदु जीवन देखा था।

(3)

उन आँखों से देखा उसने जगत हुआ वीराना,
हँसती-इठलाती कलियों का पल-भर में मुरझाना;
कलित कंठ की मधुर कूक का क्रंदन में खो जाना,
सुख का दुख में सो जाना, दुख का सुख में इतराना।

(4)

चीख-चीख रोती थी रानी, सारा वन रोता था,
था लोचन रोता, मन रोता, सारा तन रोता था;
बरस रहा था आँसू, दृग का प्यारा घन रोता था,
गोल-गोल आँसू लोचन का तारा बन रोता था।

(5)

गूँज रहा था लहर-लहर में करुणा-जनक रुदन ही,
आज नित्य का गायक निर्झर करता था क्रंदन ही;

रोता था जल-थल से बढ़कर, चिंतित नील गगन ही,
सिसक-सिसक जग क्यों न रो उठे, रोता जब जीवन ही।

(6)

आश्वासन की मृदु आशा में चली तुरत वह सर में,
युगल मराल-मराली ला दें कुछ भी सुख अंतर में;
पर क्या सर में, क्या निर्झर में, क्या ऊँचे तरुवर में,
सभी जगह छाई थी चिन्ता उजड़े कानन-भर में।

(7)

बैठे सर-तट पर रोते थे युगल मराल-मराली,
जल-हंसों से भरा हुआ सर पड़ा हुआ था खाली;
भरी हुई थी जल के ऊपर पत्ती आँधी वाली,
होती थी न तनिक भी पहले की क्रीड़ा मतवाली।

(8)

देख-देख यह आज दुर्दशा 'नंदनवन' के सर की,
देख-देख यह करुण अवस्था अपने उजड़े घर की;

सुन-सुन क्रंदन-ध्वनि पंछी की, जल-थल की, अंबर की,
पहले से भी और बढ़ गई व्याकुलता अंतर की।

(9)

रोई रानी आँसू भर-भर दो सूजे लोचन में,
आज कूक मंजुल के बदले उठी हूक ही मन में;
लगी व्यथा की आग बदन में, जगी वेदना तन में,
चीख-चीख रोती थी रानी पीड़ा से छन-छन में।

विदा

(1)

दिन आए पहाड़ बन-बन के, आई रजनी भारी,
अंगारे बन निकले जग में तारे गगन-विहारी;
उजड़ा था 'नंदनवन', उजड़ी थी उसकी फुलवारी,
फिर भी आस लगाए थी रे मिलने को बेचारी।

(2)

टूटी डालों से प्रभात को वह देखा करती थी,
कितने दिन बीते हैं तब से, यह लेखा करती थी;

पड़ी सोच में पद-नख से तरु पर रेखा करती थी,
आशा की आँखों से पूरब में पेखा करती थी।

(3)

किन्तु न आता था वनराजा किसी दिशा से वन में,
सुन पड़ती न कूक थी उसकी कभी, किसी भी छन में;
रह-रहकर कातर हो दुख से कहती थी वह मन में-
"क्या न मिलेंगे सचमुच मेरे राजा अब जीवन में?"

(4)

सुन्दर 'नंदनवन' की शोभा अब बिलकुल जाती थी,
हँसती थी न कली अब वन में, खगी नहीं गाती थी;
फूल-फूल पर अब न मधुकरी उड़-उड़ मँडराती थी,
देख-देख अब इन्हें हृदय में रानी दुख पाती थी।

(5)

बीत चलीं जब लम्बी घड़ियाँ, आए किन्तु न प्यारे,
राका-भर गिन चुकी गगन के जब चमकीले तारे;

रो-रो ढूँढ चुकी राजा को वन के बीच, किनारे,
खर-खर में, निर्झर में, सर में, वन-तरुवर में सारे।

(6)

हुआ विराग हृदय में उसके आर्त विरह के दुख से,
होता अच्छा, यदि पहले ही रहती वंचित सुख से;
रह-रह निकली आह व्यथा की अभागिनी के मुख से,
जितनी दूर पड़ी सुख से, उतना समीप थी दुख से।

(7)

“जगती के कोने-कोने में अब सत्वर जाऊँगी,
बिना लिए संग में राजा को फिर न यहाँ आऊँगी;
खोजूँगी वन-वन जीवन-भर, आशा है, पाऊँगी,
जब तक पाऊँगी न उन्हें मैं लोक-लोक धाऊँगी।”

(8)

इतना सोच विदा ली वन से, अपने उस कानन से,
जहाँ एक दिन जुट पाया था नाता मृदु जीवन से;

जहाँ सदा हँस-रो सकती थी सुख-दुख में निज मन से,
थी परिचित जिसके कन-कन से वह अपने बचपन से।

(9)

ज्यों ही उड़ा गगन में पंछी सारा वन रोता था,
निर्झर भू पर पटक-पटक सिर सारा धन खोता था;
आग लगी थी उसके मन में, सारा तन धोता था,
उड़ती जाती थी 'वनरानी', प्यारा मन रोता था।

विलाप

(1)

मरुस्थली थी फैली आगे, नभ था ऊपर नीला,
धुँधली-सी चाँदनी रात में शशि था पीला-पीला;
ले-लेकर भीगे लोचन में आँसू गीला-गीला,
देख रही थी 'वनरानी' रेती में रजनी-लीला।

(2)

क्षुद्र ज्योति वाले रजकण लगते थे चाँदी-कन-से,
धवल चाँदनी के टुकड़े-से, धन-कुबेर के धन से;

मानो वे गिरते थे भू पर नभ के उज्ज्वल धन से,
रह-रहकर चमका करते थे खद्योतों के तन से।

(3)

बहुत दूर विस्तृत सागर-सी चमकीली रेती थी,
जहाँ घोर नीरवता जग की खूब नींद लेती थी;
साँय-साँय कर अपनी नैया हवा वहाँ खेती थी,
यहाँ-वहाँ से लेकर बालू इधर-उधर देती थी।

(4)

सोई व्यथा जगा दी मन में अब उस नीरवता ने,
हूक उठी रानी रजनी में, दुखड़ा लगी सुनाने;
चीर चली नीरवता का तन करुण रुदन की तानें,
रोई रेती सिसक-सिसककर, क्रंदन किया निशा ने।

(5)

"है अनंत तक विस्तृत रेती और अनंत गगन है,
ऊपर छाई घोर शून्यता, नीचे बालू-कन है;

छान-छान आता जगती को मेरा यह क्रंदन है,
होंगे नहीं यहाँ पर राजा, यह रेती निर्जन है।"

(6)

"फिर मैं अब इन दो पाँखों से कहाँ-कहाँ मँडराऊँ,
कौन देश है, कहाँ दूसरा, जहाँ खोजने जाऊँ?
हाय! लुट गई मैं अभागिनी, कहाँ शरण अब पाऊँ,
होंगे कहाँ बिलखते राजा, कैसे पता लगाऊँ?"

(7)

"मेरे हित हा! द्वार बंद कर सोतीं दशों दिशाएँ,
छिप जाती हैं सारी राहें, फिर पथ कौन दिखाएँ;
आती क्यों न, कहाँ बैठी हैं खग-कुल की ललनाएँ,
दीखे नहीं सहायक ऊपर-नीचे दाएँ-बाएँ।"

(8)

"छान चुकी मैं सारी दुनिया गिरि, वन-पर्वत-माला,
भटका फिरा कोने-कोने में यह मेरा तन काला,

लाँघ चुकी मैं आज अनेकों निर्झर, सर, नद, नाला,
हाय, मिला न कहीं भी राजा मुझे 'कुसुमवन' वाला।"

(9)

"जाऊँ कहाँ, करूँ क्या राजा, रहते कहाँ, कहो तो?
अपने दुख की बातें किससे कहते कहाँ, कहो तो?
आज अकेले अपनी पीड़ा सहते कहाँ, कहो तो?
निराधार हो किस सागर में बहते कहाँ, कहो तो?"

(10)

“इसी घोर नीरवता में क्या ‘वनराजा’ हैं सोए?
ये बालू के उजले कन क्या गए अश्रु से धोए?
क्या मेरी ही तरह जगत ने यहीं विभव हैं खोए?
क्यों न मुझे ले लें मुख में आज, इस समय तो ये?”

आश्वासन

(1)

“इस सुन्दर झिलमिल रजनी में आली, क्यों रोती हो?
ऐसी कौन व्यथा होती है, जो व्याकुल होती हो?
यह सुन्दर चमकीला रंग क्यों आँसू से धोती हो?
कहो-कहो ऐ कोकिल रानी, क्यों जीवन खोती हो?

(2)

मत रो आली, इस रजनी में देख चमकते तारे,
कहते कथा मधुर जीवन की, हरते हैं दुख सारे;
नील गगन के मंजुल मोती लगते कितने प्यारे,
कौन देश से आई रानी, जग के आज किनारे।

(3)

हूक रही हो बड़ी देर से क्यों रेती पर आली!
गिरा-गिरा आँसू के मोती क्यों करती निधि खाली?

सुनकर रुदन व्यथा होती है, लगती रजनी काली,
रो मत, रो मत, चुप रह आली, सुबह खिलेगी लाली।"

(4)

सुनकर बातें यह बुलबुल की रानी उससे बोली,
इतने दिन के बाद चंचु अब उसने सुख से खोली;
लगी व्यथा की कथा सुनाने, पर पहले कुछ रो ली,
हूक-हूककर, रो-रोकर कुछ दुख से हलकी हो ली।

(5)

बीती कथा सुनाई उसने भर-भर ठंडी आहें,
निकल-निकल पड़ती आँखों से व्यथा-वह्नि की दाहें;
सुनकर जिसे चहकती बुलबुल भूली सुख की राहें,
रोने लगी गले में उसके डाल-डाल अब बाँहें।

(6)

बोली बुलबुल—"मत रो रानी, राजा तुझे मिलेंगे,
धीरज धरो कभी तो तेरे सुख के सुमन खिलेंगे;

मलयानिल की मृदु हिलोर से तेरे पात हिलेंगे,
मधुर प्रेम से आकर राजा तेरा चुम्बन लेंगे।

(7)

फिर तेरे दिन भी आवेंगे, यह मन हँसता होगा,
उजड़ा पड़ा जगत का नंदन-कानन बसता होगा;
फिर भी पहले का प्रमोदमय जीवन सस्ता होगा,
फिर मदमाते यौवन में नंदनवन हँसता होगा।"

(8)

"चल रानी, चल मेरे घर पर कर विश्राम जरा तो,
होगा ही संसार एक दिन तेरा हरा-भरा तो;
कर न सोच कुछ दो दिन के हित तेरा भाग भरा तो,
तेरे राजा की रखवाली करती वसुंधरा तो।

(9)

हम दोनों मिलकर खोजेंगी, अपनी निधि पाएँगी,
इसी जगत में फिर हरदम हम मधुर गीत गाएँगी;
पगे प्रेम-रस के मीठे फल चुन-चुनकर खाएँगी,
फिर जीवन की बीती घड़ियाँ यहीं बुला लाएँगी।"

चिर-प्रेमी

(1)

जग में आधी रात हो रही थी, घर-घर सोता था,
चाँदी के जल से वन का अंचल निर्झर धोता था;
रह-रहकर तरु-पल्लव-दल का मृदु मर्मर होता था,
आज पपीहा अपनी सुध-बुध गा-गाकर खोता था।

(2)

चाँदी गला-गलाकर गिरि से सरिता ले जाती थी,
बदले में गिरि, वन, निकुंज को 'कल-कल' दे जाती थी;

मचल-मचलकर, उछल-उछलकर सागर में जाती थी,
बहुत दिनों की बिछुड़ी तटिनी अब घर में जाती थी।

(3)

पर्वत की ऊँची चोटी पर पीपल का तरुवर था,
मधुर स्वप्न में लीन जहाँ पर पंछी-दल का घर था;
पर कोने में अब तक जगता सिर्फ एक कोटर था,
जहाँ एक खग अन्तिम साँसें लेता, तन जर्जर था।

(4)

भर आए थे अश्रु नयन में, पुलकित-प्रमुदित खग था,
तनिक देर के लिए और अब उसके हित यह जग था;
उस दुनिया की ओर तुरन्त अब चलने ही को पग था,
जहाँ प्रेम था अमर, सदा ही जग उससे जगमग था।

(5)

पास साथ बुलबुल रानी के बैठी थी वनरानी,
दोनों की नीली आँखों में भरा पुलक का पानी;

खिल आई थी पाकर राजा को सूरत मुरझानी,
इतने दिन की वह तपस्विनी बनी आज फिर रानी।

(6)

बोली रानी—"मेरे राजा! चलो न नंदनवन में,
जहाँ प्रेम से क्रीड़ा करते थे बीते जीवन में;
तरुवर के ऊँचे महलों में, पत्तों के आँगन में,
कैसे थे वे दिन, सोचो तो प्यारे, अपने मन में।

(7)

तुम हो यहाँ, वहाँ रोता 'नंदनवन' बना वियोगी,
पड़ा वहाँ धन, किन्तु यहाँ तुम सारे धन के भोगी;
उस उजड़े वन की अब फिर से सुन्दर रचना होगी,
चलो न बुलबुल, तुम भी कुछ दिन मेरे साथ रहोगी!"

(8)

"क्यों न चलेगी ऐ रानी, यह जनम-जनम की दासी?
होगी सुख से रेत-निवासी नंदनवन की वासी;

पात-पात में छटा मनोहर जहाँ स्वर्ग-सुषमा-सी,
ऐसे वन की, ऐसे जग की मैं तो खुद ही प्यासी!"

(9)

सुनकर दोनों की मृदु बानी उमड़ा सिंधु नयन में,
देखी मीठी झलक स्वप्न की तरु के पर्ण-शयन में;
दीख पड़ीं गत मृदु जीवन की तस्वीरें छन-छन में,
टेर उठा उद्‌गार बदन में पुलकित तन में, मन में।

(10)

बोला राजा—"यही हमारा सुरभित नंदनवन है,
यद्यपि जर्जर है सारा तन, फिर भी हँसता मन है;
प्रिये, जहाँ पर तुम रहती हो, वहीं स्वर्ग का धन है,
जहाँ प्रेम है, वहीं सदन है, प्रेमी वहीं मगन है!

(11)

जब तक थीं और कहीं पर, तब तक अकुलाता था,
इस जीवन का एक-एक पल बरसों-सा जाता था;

पीड़ा से यह तन जर्जर था मन में दुख पाता था,
रोना ही था जीवन मेरा, आँसू बरसाता था।

(12)

पर अब तो हँसता है यह मन, हँसता सदा रहेगा,
आशा है, अब फिर वियोग-सा दर्द कभी न सहेगा;
सुन-सुन प्रेम-पगी मृदु बानी अपनी बात कहेगा,
डाल गले में बाँह नेह-निधि में सदा बहेगा!

(13)

चल सकता न वहाँ अब रानी, मैं हूँ तन का रोगी,
जाता असली नंदनवन को 'नंदनवन' का भोगी;
चलता है अब योग साधने प्रेम-योग का योगी;
मिल लो रानी, गले-गले अब भेंट वहीं पर होगी।"

(14)

इतना कहकर आँख मूँद लीं, चला स्वदेश बटोही,
चीख उठी रानी आहत हो—"छोड़ चले मुझको ही;

कहाँ चले ऐ मेरे राजा, जीवन-धन, मनमोही,
क्या अपराध किया मैंने, जो चले गये निर्मोही।"

(15)

आगे बोल सकी न, रुँध गया कंठ, बही जल-धारा,
गले-गले मिल वहीं सो गई, बोली फिर न दुबारा;
देखा बुलबुल ने आँखों से छोड़ जगत यह सारा,
रहते वहीं सदा चिर-प्रेमी जहाँ प्रेम है प्यारा।

चहक

(1)

घूमी-फिरी उम्र-भर आली, रेती में, कानन में,
लगी रही बस एक नेह की खेती में, छन-छन में;
पर देखा न दृश्य ऐसा इस जगती में, जीवन में,
देखा ऐसा विभव न हीरा-मोती में, कंचन में।

(2)

हँस दे मृदु चिर-हास, मिलन हो जग में रोते-रोते,
मिल जाए निधि अमित स्वर्ग की निज धन खोते-खोते;

हो जाएँ हीरे के टुकड़े बालू धोते-धोते,
बरसे मृदु उल्लास, घाव की पीड़ा होते-होते।

(3)

बहे बयार मंद मृदु शीतल, पत्ती-पत्ती डोले,
उठे पपीहा टेर निशा में मीठी बोली बोले;
क्रीड़ा करे तारिका-बाला नभ की खिड़की खोले,
पीछे छिटके धवल चाँदनी पहले तम को धो ले।

(4)

नीचे पर्वत का अंचल हो, ऊपर नील गगन हो,
मृदु 'छलछल' में, मृदु 'कलकल' में निर्झर, नदी मगन हो;
नव-तरुवर की एक डाल पर मंजुल प्रेम-सदन हो,
बिखर रही हों मुक्ता-लड़ियाँ रस से तृप्त मदन हो।

(5)

रोते-रोते, हँसते-हँसते चिर-प्रेमी सो जावें,
जग की निधि से बड़ी कीमती दो मणियाँ खो जावें;

अपने एक नेह-छींटें से मेरा मन धो जावें,
मेरी रेती में आकर के प्रेम-बीज बो जावें।

(6)

अब समझी मैं यही स्वर्ग है, यही मुक्ति है, धन है,
और जगत में सब बंधन है, यही एक जीवन है;
यही एक 'पारस' है, जिससे बनता तन कंचन है,
सरस सुधा बरसाने वाला यही एक बस घन है।